ABOLITION

DE LA

PEINE DE MORT

PAR V. SCHŒLCHER

Représentant du Peuple (Guadeloupe).

> La peine de mort est illégitime parce qu'elle n'est pas nécessaire; elle est illégitime parce qu'on n'a le droit de tuer que pour défendre sa propre vie ou celle de son prochain contre une attaque immédiate; elle est illégitime parce qu'en tuant le coupable, on lui ferme la voie du repentir; elle est illégitime parce qu'avec la faillibilité humaine, on n'est jamais sûr qu'elle ne sacrifie pas un innocent.

Prix : 25 centimes.

PARIS

LIBRAIRIE DE LA PROPAGANDE DÉMOCRATIQUE ET SOCIALE EUROPÉENNE

RUE DES BONS-ENFANTS, 1.

ABOLITION
DE LA
PEINE DE MORT

PAR M. SCHOELCHER

Représentant du Peuple (Haut-Rhin)

La peine de mort est illégitime parce qu'elle
n'est pas nécessaire; elle est illégitime parce
qu'on n'a le droit de tuer que pour défendre
sa propre vie ou celle de son prochain contre
une attaque immédiate; elle est illégitime
parce qu'en tuant le coupable, on lui ferme
la voie du repentir; elle est illégitime parce
qu'avec la faillibilité humaine, on n'est jamais
sûr qu'elle ne soit pas un innocent.

Prix : 25 centimes.

PARIS

LIBRAIRIE DE LA PROPAGANDE DÉMOCRATIQUE ET SOCIALE EUROPÉENNE

RUE DES BONS-ENFANTS, 1.

ABOLITION

DE LA

PEINE DE MORT

PAR V. SCHŒLCHER

Représentant du Peuple (Guadeloupe).

La peine de mort est illégitime parce qu'elle n'est pas nécessaire; elle est illégitime parce qu'on n'a le droit de tuer que pour défendre sa propre vie ou celle de son prochain contre une attaque immédiate; elle est illégitime parce qu'en tuant le coupable, on lui ferme la voie du repentir; elle est illégitime parce qu'avec la faillibilité humaine, on n'est jamais sûr qu'elle ne sacrifie pas un innocent.

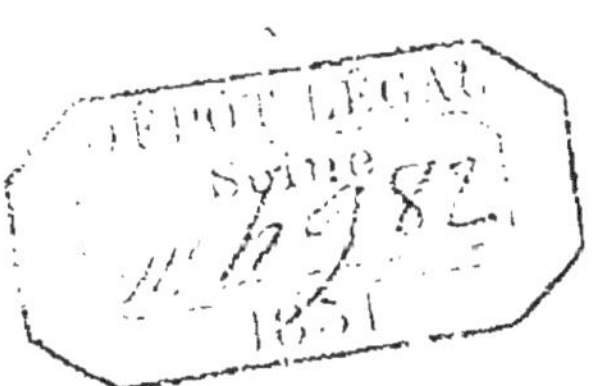

PARIS

LIBRAIRIE DE LA PROPAGANDE DÉMOCRATIQUE ET SOCIALE EUROPÉENNE

RUE DES BONS-ENFANTS, 1.

[illegible]

[illegible]

[illegible]
[illegible]
[illegible]
[illegible]
[illegible]
[illegible]
[illegible]

[illegible]

ABOLITION

DE LA

PEINE DE MORT

———◦———

§ I. PROPOSITION.

La révolution de Février a été grande et généreuse entre toutes. C'est qu'il n'en fut jamais où l'esprit populaire inspira davantage le gouvernement qui en sortit ; c'est qu'il n'en fut jamais dont les organes, les régulateurs, fussent plus près du peuple. Aussi les hommes que la magnanime Révolution installa sous les voûtes de l'Hôtel-de-Ville avaient à peine proclamé la République qu'ils prononcèrent l'abolition du dernier supplice en matière politique. Ils renversèrent l'échafaud en même temps que la royauté, et l'acclamation unanime du peuple encore en armes, du peuple vainqueur de la dernière monarchie qui sera en France, vint leur dire qu'ils avaient bien interprété sa pensée.

C'était juste et logique. La République, le gouvernement de tous, pour tous et par tous, n'avait pas besoin, comme les rois, de répandre le sang de ses ennemis pour les vaincre.

Nous ne regrettons, nous, qu'une chose, c'est que le Gouvernement provisoire n'ait pas été logique jusqu'au bout, c'est qu'il n'ait pas aboli la peine de mort aussi bien en matière criminelle qu'en matière politique. Il appartient aux républicains de compléter son œuvre glorieuse et de donner ce nouveau témoignage de leur amour et de leur respect pour l'humanité.

C'est pourquoi, comme représentant du peuple, nous avons eu l'honneur de soumettre, le 21 février dernier, aux délibérations de l'Assemblée nationale, une proposition pour l'abolition pure et simple de la peine de mort, proposition que nous avons rectifiée depuis en ces termes :

La peine de mort est abolie, dans tous les cas où elle est prononcée par le Code pénal. La même peine est abolie dans tous les cas où elle est prononcée par le Code pénal militaire ou par le Code pénal maritime pour des faits accomplis hors l'état de guerre.

Un projet de loi sera incessamment présenté à l'Assemblée pour déterminer la peine qui sera substituée à la peine de mort.

Il sera sursis à l'exécution de toute sentence capitale qui serait prononcée jusqu'à la promulgation de la loi nouvelle, dont les dispositions seront appliquées aux individus qui auraient été condamnés à mort.

On voit que nous nous bornons à demander l'abolition pure et simple de la peine de mort, laissant au gouvernement le soin de présenter un projet de loi pour la remplacer. On ne s'en étonnera pas en songeant à la haute gravité de la question. La réforme que nous demandons est inconciliable, nous ne le dissimulons pas, avec les éléments actuels de notre législation pénale ; il importe d'y substituer une répression proportionnelle. Les travaux forcés, tels qu'ils existent, même à perpétuité, n'y suffiraient pas, puisqu'ils sont déjà appliqués pour des cas déterminés, puisque l'on a vu des réclusionnaires commettre volontairement des fautes afin de se faire envoyer au bagne. Pour les assassins et les coupables endurcis, il y aura lieu de combiner la prison cellulaire avec la déportation loin de la patrie, loin de la famille, loin de toute espèce de bien-être. Nul ne saurait avoir la prétention de résoudre seul des points aussi essentiels de législation criminelle, civile, militaire et maritime ; il n'y faut pas moins que les lumières des magistrats, des moralistes les plus éminents, et le gouvernement seul a les moyens de les réunir. On devra s'occuper immédiatement de la nouvelle législation et jusqu'à ce qu'elle soit faite, les condamnés à mort resteraient dans la situation où ils se trouvent lorsqu'ils se sont pourvus en cassation ou en grâce.

Notre proposition est une protestation nouvelle contre les calomnies systématiques d'indignes adversaires qui fomentent la haine contre les démocrates en les représentant comme des terroristes. On sait que c'est une phrase stéréotypée, dans certains journaux, que toutes les réunions de socialistes se terminent au cri trois fois répété de : « Vive la guillotine ! »

Ce ne sera pas une des choses les moins étranges de la révolution de Février, où l'on voit tant de choses étranges, que ce soit aux hommes qui ont signé, acclamé la suppression de la peine capitale à l'Hôtel-de-Ville, à la tribune et sur la place publique que l'on impute des projets sanguinaires ! Infâme calomnie que chacun de nous repousse de toute la puissance de son âme, de toute la sagesse de sa raison, de toute la force de son esprit, de toute la bonté de son cœur.

On nous appelle les *rouges*, nous avons accepté ce nom parce qu'au milieu des luttes intestines qui divisent encore malheureusement la France, il sert à nous bien distinguer des *blancs*; mais nous repoussons avec horreur, avec dégoût, nous repoussons comme une injure que nous ne souffrirons jamais en face toute autre signification qu'on voudrait lui donner. Oui, qu'on le sache bien, les hommes qu'on appelle les rouges n'ont à recevoir des leçons d'humanité de personne, et ils pourraient en donner à leurs calomniateurs.

Chacun agit dans la plénitude de sa conscience, et certes, nous qui avons tant à nous plaindre de telles diffamations, nous sommes loin, bien loin, de vouloir incriminer, en quoi que ce soit, la pensée de nos adversaires; mais, nous le pouvons dire sans blesser personne, s'il était possible d'accuser un parti, dans ce noble pays, d'avoir du goût pour l'échafaud, ce ne devrait pas être, il nous semble, celui dont le premier acte triomphal a été de renverser le piédestal du bourreau; celui qui à la Constituante a voté presque unanimement contre la peine de mort, celui qui vient encore aujourd'hui en demander l'abolition totale par la voix d'un de ses membres. Si cette horrible peine souille encore les codes de la République française, la responsabilité en revient exclusivement au parti qui s'applique le titre de modéré.

Rouges, blancs, hommes de toutes croyances politiques, oublions les uns et les autres ce qui fut et n'insultons pas le présent; glorifions-le, au contraire, en nous réunissant dans une même volonté pour accomplir une grande œuvre d'humanité; ce sera le meilleur moyen de prouver que personne ne veut recommencer le passé.

Le lecteur, à quelque opinion qu'il appartienne, nous pardonnera s'il juge que nous ayons mis trop de vivacité dans ce que nous venons de dire, c'est que nous éprouvons véritablement une profonde indignation à nous entendre prêter chaque jour des sentiments odieux, c'est que les diffamations contre lesquelles nous nous élevons de toutes les forces de notre âme ont malheureusement produit quelque effet sur des esprits crédules ou qui nous étaient déjà hostiles. N'a-t-on pas été jusqu'à trouver moyen de flétrir notre proposition? Si les montagnards, avons-nous lu quelque part, demandent l'abolition de la peine de mort, c'est qu'ils craignent cette peine pour eux-mêmes! Ainsi, les montagnards veulent-ils brûler l'échafaud, c'est qu'ils ont peur qu'on les y mène; quelques-uns croient-ils, comme la majorité de la Constituante et de la Législative, nécessaire de le garder, c'est qu'ils ont dessein d'y mener les autres! En vérité, les haines politiques furent-elles jamais plus aveugles! Il y a quelques jours encore on nous a fait lire, nous ne savons dans quel recueil légitimiste, la phrase suivante : « Ceux qui demandent l'abolition de la peine de mort sont « précisément les mêmes qui dans mille écrits, mille clubs, « proclament l'impossibilité d'atteindre leur but *sans exter-* « *mination préalable.* Il leur faut, pour premiers matériaux de « fondation, *une quantité de têtes,* froidement calculée, discu- « tée, convenue. Dignes de l'exécration du *ciel* et de la « terre, ils taillent d'avance à la craie rouge la besogne du « couteau. » Or, le même recueil fleurdelisé ajoutait un peu plus loin : « Le jour où les adversaires de la peine de

« mort, *cette souveraine garantie,* auraient gain de cause, nous
« les défions de sortir de chez eux *en plein midi et avec 50 cen-*
« *times dans leur poche* SANS ÊTRE ASSASSINÉS. »

Voilà pourtant ce que pensent de la société, de l'humanité entière, voilà ce qu'écrivent des hommes qui ont la
prétention de se respecter et d'avoir seuls le sens moral !
Ils ne s'aperçoivent pas qu'en cherchant dans un déplorable intérêt de parti à déshonorer leurs adversaires, ils
déshonorent la France et eux-mêmes.

§ 2. — LE PRINCIPE DE L'ABOLITION DE LA PEINE DE MORT EST DANS LA LOI DEPUIS 1794.

Quoi qu'il en soit, nous espérons que nos vœux ardents
pour l'abolition complète de la peine de mort ne seront
pas déçus cette fois. Il est vrai que l'Assemblée a déjà re-
poussé, il y a plus d'un an, la prise en considération d'une
proposition semblable de l'honorable M. Savatier-Laroche,
mais les précédents, en pareille matière, ne lient heureu-
sement pas, malgré ce qu'en a dit M. Audren Kerdrel, rapporteur de la commission d'initiative chargée d'examiner notre proposition. Chaque jour d'ailleurs la société progresse,
et dans cette question où la vie humaine est en jeu, chaque
jour nous apporte en quelque sorte un nouveau témoignage
contre la peine de mort. C'est déjà une chose triste, pour
nous surtout qui voudrions voir la France prendre toutes
les généreuses initiatives, de penser qu'elle a cédé le pas
à d'autres, lorsqu'il s'agit de consacrer un nouveau progrès
dans la civilisation. Le 4 août 1848, le congrès de Francfort
supprimait la peine capitale, à la majorité de 288 voix contre 148, et la Chambre des représentants à Berlin prenait
le même jour une résolution semblable, à la majorité de 298
voix contre 37.

Nous n'avons d'ailleurs, dans une telle circonstance, qu'à
suivre la tradition de nos pères. Ils ont déjà décrété l'abolition de la peine de mort. Le 9 frimaire an IV, la Conven-
tion, au milieu de la tourmente révolutionnaire, avait dé-

crété : « A dater de la paix générale, la peine de mort sera
« abolie dans toute la République française. » Par malheur,
le premier consul, qui rêvait déjà le despotisme, ne voulut
point accepter ce legs pieux, et la loi du 8 nivôse an **X** se
borna à dire : « La peine de mort *continuera* d'être appliquée
« dans les cas déterminés par les lois, *jusqu'à ce qu'il en soit*
« *autrement ordonné.* »

Le principe de la grande mesure d'humanité que nous
réclamons aujourd'hui est donc formellement écrit dans nos
codes ; le législateur a déjà, pour ainsi dire, averti la nation
qu'il réviserait la loi du sang. *Jusqu'à ce qu'il en soit autrement*
ordonné ! n'est-ce pas dire qu'il y a lieu d'en ordonner bientôt autrement ? Cette formule, qui caractérise les mesures
transitoires, ne jette-t-elle pas le doute dans la législation
elle-même ?

L'échafaud ne fonctionne plus que *provisoirement* en France,
jusqu'à ce qu'il en soit autrement ordonné. Pour notre compte,
nous sommes très-décidé à le saper de plus en plus, si notre
proposition ne passait pas aujourd'hui, en la renouvelant
chaque année, en faisant de constants appels à l'opinion publique, jusqu'à ce que les amis de l'humanité aient enfin
obtenu gain de cause.

Nos raisons, les voici :

C'est que la société n'a pas le droit de tuer ;

C'est que la peine mort n'est pas nécessaire ;

C'est qu'elle punit au lieu de corriger ;

C'est qu'elle n'est pas préventive ;

C'est qu'elle est dangereuse ;

C'est qu'elle atteint souvent des fous et quelquefois des
innocents ;

C'est qu'enfin elle peut servir au rétablissement de l'é-
chafaud politique.

Examinons chacune de ces propositions l'une après
l'autre.

§ 3. — LA SOCIÉTÉ N'A PAS LE DROIT DE TUER.

Et d'abord, qu'il nous soit permis de poser cette question : La société a-t-elle le droit de tuer un individu, même coupable? Nous répondons sans hésiter : Non!

Que disent les partisans de la peine de mort? « Qu'elle a pris place parmi les lois de tous les peuples ; qu'elle a été de tout temps appliquée par les hommes les plus éclairés, les plus consciencieux ; qu'à toutes les époques la société s'est affirmé à elle-même le droit de toucher à la vie de celui qui n'avait pas respecté celle d'autrui ; qu'elle ne s'est jamais crue coupable d'assassinat en usant de la faculté de punir par la mort ; enfin, que cette manifestation constante, universelle du sentiment public, établit la légitimité de la peine capitale. » Sont-ce là des arguments bien sérieux? La durée d'un fait en a-t-elle jamais fondé le droit aux yeux de la morale? L'Inde, l'Egypte, la Grèce, Rome, le bouddhisme, le mosaïsme, le paganisme, les peuples les plus civilisés, les religions les plus libérales de l'antiquité, le christianisme lui-même pendant longtemps ont sanctionné l'esclavage. Est-ce à dire que l'esclavage ait jamais été légitime? Est-ce à dire que l'esclavage n'ait pas toujours été un crime abominable? La société a été plongée aux premiers âges dans la barbarie ; son passé mauvais ne saurait justifier le mal présent. Ainsi, elle s'est arrogé le pouvoir de mettre les prévenus à la question, celui de torturer les condamnés ; est-il cependant personne aujourd'hui qui hésite à proclamer qu'en appliquant la question, et même la torture, elle commettait une atrocité, un attentat véritable envers l'humanité?

Parce que tous les siècles ont reconnu à la société le droit de tuer, vous prétendez faire de ce droit « une émanation de la conscience humaine! » Voyez où vous allez avec de tels raisonnements : les siècles n'ont pas plus protesté contre les supplices que contre la peine de mort;

d'excellents esprits même, gâtés, faussés par la férocité ou les mauvaises habitudes de leur époque, les ont approuvés. Vous allez donc aussi en conclure que les supplices sont des émanations de la conscience humaine? Vous voulez faire à la peine de mort une légitimité de son long passé? Ah! vous oubliez que chaque année de son passé, comme de son présent, se peut compter par ses erreurs ou ses crimes. Vous oubliez que sans elle Socrate n'eût pas été empoisonné, Jésus-Christ crucifié, Savonarola brûlé; que des milliers d'hommes justes et bons n'eussent pas péri à leur tour sur l'échafaud, sacrifiés à la folie ou à la fureur des partis de leur temps!

Repoussons les sophismes et allons au fond des choses.

De même que l'individu, la société étant, il faut qu'elle vive; elle a dès lors tous les droits inhérents à la vie, y compris celui de tuer pour se conserver. Mais quand le droit de tuer existe-t-il? Dans un seul cas, celui de légitime défense personnelle. Donner la mort est un forfait lorsque ce n'est pas l'unique moyen de salut qui existe; il n'est licite, en un mot, de verser du sang qu'autant qu'il est impossible de l'éviter. Or, qui osera dire qu'un individu, si pervers qu'il soit, tuerait la société, si la société ne le tuait pas? Qui osera dire que la société, avec ses gendarmes, sa police, ses gardes champêtres, ses parquets, ses tribunaux, toutes ses puissances accumulées, n'est pas assez forte pour conserver sa vie sans prendre celle du coupable? D'ailleurs la société, en sacrifiant le criminel, n'est plus dans le cas de légitime défense; elle ressemble à l'individu attaqué qui frapperait au cœur son agresseur lorsque celui-ci vaincu ne met plus sa vie en danger. Elle joue le rôle d'un homme violent et sanguinaire abusant de sa force pour exterminer celui qui l'a offensé. Elle commet, ont écrit de grands penseurs, elle commet un assassinat! Assassiner, n'est-ce pas tuer volontairement son semblable avec ou sans préméditation? Eh bien, « la société, dit l'illustre Carnot, en en-« voyant un homme à l'échafaud, le tue volontairement, « de sang-froid, avec préméditation, c'est-à-dire avec « tous les caractères de l'assassinat. » Il n'y a que le mot de changé. Par une inconcevable et bizarre contradiction,

« elle se rend coupable, selon l'expression de Beccaria,
« d'un meurtre pour punir un meurtre ; elle devient ho-
« micide pour châtier un homicide. » — « Convient-il, s'é-
« crie à son tour M. Cormenin, convient-il que la société
« massacre *de sang-froid* l'un de ses membres qui en a massa-
« cré un autre *dans sa colère?* Lequel, dans ces deux actes,
« est le plus barbare, du criminel ou de la société (1). »

Quoi! voilà un malheureux atteint de la rage, il souffre
des douleurs atroces, il est dangereux, son mal est incurable, et dans un accès de délire il peut le communiquer à sa
famille, à ses amis, qui le soignent et qui deviendraient
comme lui incurables. La science déclare, après des milliers
d'années d'études et d'expériences, qu'elle n'a aucun moyen
de le guérir. Dans cette extrémité, vous défendez à la méde-
cine, et vous avez raison, de le tuer pour le délivrer d'un
mal sans remède qui le conduira infailliblement au tombeau!
Et après cela, vous donnez à la société le droit d'écraser
un individu qui n'est pas incurable, qui peut moralement
guérir, autrement dit se repentir et rendre alors des servi-
ces à la collection des êtres !

Pour nous, nous concevrions jusqu'à un certain point la
société s'assemblant sous la forme des douze médecins les plus
savants du pays, et déclarant qu'il faut tuer l'infortuné atteint de la rage, puisque la rage est un mal incurable et
communicable; mais il nous est impossible d'admettre que
douze jurés décident qu'un criminel sera mis à mort, lorsqu'il y a tant d'exemples de criminels rendus à la vertu, et
surtout d'innocents condamnés injustement !

§ 4. — LA PEINE DE MORT EST SANS EFFICACITÉ MATÉRIELLE.

Le droit et le devoir de la société ne se bornent pas à
veiller à sa propre conservation ; elle doit également assurer celle de chacun de ses membres. Sans aucun doute;

(1) *L'Événement*, 9-10 juin 1851.

mais pour cela elle n'a pas besoin de répandre le sang du criminel; l'échafaud ne lui est ni utile, ni indispensable; elle peut tout aussi bien se défendre, elle peut tout aussi bien garantir ses membres des atteintes du méchant par le bannissement, la déportation et la prison cellulaire que par la mort. Nul ne courra plus ou moins de danger parce que l'on aura tué plutôt qu'enfermé l'assassin pour le mettre hors d'état de nuire. Personne au monde, nous le répétons, ne voudrait soutenir que la société, avec ses immenses forces, ne saurait préserver elle et chacun des individus qui la composent des entreprises d'un malfaiteur qu'en le retranchant du nombre des vivants. Du moment que la conservation de l'existence d'un assassin n'a pu et ne pourra jamais mettre la société en danger, la peine de mort est bien réellement sans efficacité matérielle. « Faut-il « déclarer, disait M. Villemain à la Chambre des députés, « le 8 octobre 1830, faut-il déclarer solennellement qu'avec « notre liberté et nos lumières, avec notre belle et héroïque « Révolution, nous ne savons rien imaginer de mieux que « la mort pour assurer la paix publique, et qu'à cet égard « notre civilisation n'est pas plus habile que la barbarie? « Je ne le crois pas. Qu'est-ce que ce faible individu qui « met en péril des millions d'hommes dans notre société, « où l'individu est si faible à l'égard des masses? Quel est « l'homme dont la destruction matérielle est nécessaire « pour mettre en sûreté le corps social? Cette puissance « n'est donnée à personne, et, par conséquent, *cette cruauté* « *n'est nécessaire* contre personne. C'est un sacrifice im- « mense que d'autoriser l'homme à tuer l'homme, afin de « maintenir la société. A l'instant où ce sacrifice n'est pas « *éminemment, exclusivement* nécessaire, il est un CRIME! Il « devient coupable quand il n'est pas le seul moyen de « faire ce qui doit être fait pour le salut, la durée de la « société. »

La peine capitale n'est pas nécessaire, donc elle n'est pas légitime; donc elle est un crime, comme dit M. Villemain.

La société elle-même, en abolissant la peine de mort pour tout attentat politique, a formellement avoué qu'elle n'avait besoin de l'échafaud dans aucun cas. Combien ne lui fait pas courir plus de dangers celui qui l'attaque tout entière, celui qui, du sein du peuple ou du pouvoir, par ses paroles ou par ses actes, soulève les citoyens les uns contre les autres et amène les fratricides batailles de la guerre civile? Quant à nous, si nous croyions à l'efficacité de la peine de mort comme punition, nous dirions que c'est surtout en matière politique bien plus qu'en matière criminelle qu'il faudrait la conser-ver. L'assassin ne fait de mal qu'à un seul, tout au plus à une famille ; le ministre ou le prince qui veut ravir les libertés de son pays, ou bien l'anarchiste qui descend dans la rue quand la Constitution n'est pas violée, fait du mal à la grande famille nationale. En termes absolus, le criminel politique est le seul qui s'attaque réellement à la paix publique c'est-à-dire à tous ; le criminel civil ne s'attaque qu'à un seul individu.

Lorsque la société se proclame assez forte pour se défendre contre le criminel politique sans le tuer, elle se déclare par le fait même assez forte pour se défendre contre un vil assassin sans lui trancher la tête. Soutenir après cela l'utilité du dernier supplice, ce n'est plus soutenir la société, mais l'échafaud tout seul.

L'abolition de la peine capitale en toute matière est la conséquence naturelle, forcée de l'abolition de la même peine en matière politique; car elle n'a pas plus d'efficacité dans le premier cas que dans le second.

Vous le déclarez : ce n'est pas parce que le meurtrier a donné la mort que vous lui arrachez la vie; ce serait la peine du talion, et le monde moderne l'a laissée depuis des siècles aux temps barbares. C'est uniquement, dites-vous, pour l'empêcher de tuer encore que vous le tuez. Il vous faut en convenir, c'est là pousser le système préventif jusqu'à la cruauté; or, la loi ne doit jamais être cruelle. Pour toute réponse, nous vous défions de trouver une base solide, raisonnable à cet axiôme, seul capable de vous justifier : Qui a assassiné, assassinera.

Non, il faut reconnaître la vérité, la société, en dressant l'échafaud, ne fait pas acte de conservation : elle se venge ou elle punit; c'est bien réellement un dernier vestige de la peine du talion, perpétuée jusque dans les codes de la sagesse moderne, malgré la flétrissure que le talion a trouvée chez tous les peuples civilisés.

§ 5. — LA SOCIÉTÉ DOIT AMENDER LE CRIMINEL, ET NON LE PUNIR.

Quant à dire que la société se venge d'un individu, nous ne voulons pas même mettre ce point en discussion ; ce serait l'insulter.

Reste à savoir si elle prendra le droit d'exterminer un coupable dans celui de le châtier. Quand la justice tue, elle punit pour punir, et non pour corriger. Or, à notre sens, la mission de la société est d'amender le criminel, de le rendre à la bonté, à la vertu, et non pas à la terre, par mesure de répression. « C'est une sorte de lâcheté, dit Jean « Reynaud, de se défaire des criminels au lieu de les cor- « riger. »

La commission d'initiative chargée d'examiner notre proposition approuve le législateur d'avoir aboli la peine de mort en matière politique, mais ne veut pas qu'on aille plus loin, « parce que, dit-elle, avec le criminel politique, si « coupable qu'il soit, la réconciliation étant possible, la « société ne doit pas s'en interdire la voie par l'application « d'une peine irrémissible. » Mais c'est là précisément un des plus puissants arguments en faveur de notre proposition :

Est-il donc un homme, si infâme qu'ait été sa conduite, si atroce qu'ait été son forfait, dont on puisse dire d'une manière absolue que tout sentiment du bien est éteint en lui? Est-il donc un homme, si vicieux que l'aient rendu la misère, ou le mauvais exemple, ou de funestes penchants, dont on puisse dire qu'il est incorrigible, et auquel on doive fermer la voie de la réconciliation par l'application d'une peine irrémissible? O vous tous qui nous combattez! répondez. Pensez-vous qu'il n'y ait d'autre élément de moralisation sur la terre que la mort? Pensez-vous que la hache du bourreau soit le garant de la paix générale? Prenez

garde, examinez-vous à votre propre tribunal, et vous verrez qu'en demandant la condamnation à mort de l'assassin,
vous obéissez à un sentiment de répulsion instinctif, honnête, mais irréfléchi; vous verrez que vous cédez à un mouvement d'indignation et de colère. Eh bien, vous êtes juges,
et le juge doit bannir de son âme l'indignation et la colère;
il ne doit écouter que la justice dans la haute acception de
ce mot. N'êtes-vous pas effrayés d'étouffer violemment dans
ses crimes une âme qui se serait purifiée dans le repentir?
Un malheureux ramené du vice à la vertu n'offre-t-il pas un
exemple mille fois plus efficace pour la moralisation générale que toutes les exécutions imaginables?

C'est un des bons côtés de la nature humaine, même la
plus pervertie, de céder plus facilement à l'influence du
bien qu'à la terreur.

Qui sait si l'homme auquel on arrache l'existence sans
utilité pour qui que ce soit, ni quoi que ce soit, sans que
sa fin tragique ait jamais effrayé les méchants, qui sait,
disons-nous, si ce criminel guillotiné n'aurait pas un jour
sacrifié la vie qu'on lui aurait laissée dans quelque acte de
dévouement, ne fût-ce que par reconnaissance pour la pitié
qu'on aurait eue de lui? Quelqu'un se chargera-t-il d'affirmer que l'infâme Lacenaire lui-même n'aurait jamais pu se
repentir? N'a-t-on pas vu au bagne, au milieu de ce repaire de la dépravation la plus effrénée, au milieu de cette
école d'assassins et de brigands, entretenue à grands frais
par l'impardonnable incurie de la société, n'a-t-on pas vu
des galériens se jeter à l'eau avec leurs chaînes et risquer
ainsi doublement leur existence pour sauver des gens en
péril? N'y voit-on pas à cette heure un homme qui est assurément l'un des plus beaux modèles de vertu, d'abnégation et de résignation qui ait jamais existé. « Au bagne
« de Brest, lisons-nous dans le *Moniteur* du 19 avril 1851,
« depuis quatorze ans, un homme expie dans les fers la
« peine d'un crime en donnant au monde l'exemple d'une
« admirable charité, d'une persistance unique dans le bien
« pour le seul amour du bien, au prix des privations les
« plus dures qu'il lui soit possible de s'imposer dans les
« conditions de son existence. Frappé par la loi du juste

« châtiment réservé aux coupables, J.-L. Allaire accepte
« avec résignation le sort du condamné, en se promettant
« de racheter par une pénitence plus rigoureuse encore,
« l'énormité de son passé; il aspire au pardon de Dieu par
« le repentir, à la paix de l'âme par le bienfait. Cependant
« chaque jour il accomplit son pieux dessein, il adoucit le
« regret amer de sa vie; dans la religion, il y puise de douces
« consolations, et la pensée du bien lui ouvre les jouissan-
« ces du cœur. Mais dans sa triste position comment peut-il
« soulager l'infortune? En se privant de son petit pécule,
« de quelques centimes par jour, et en vendant même une
« partie de sa nourriture. C'est ainsi que, dans l'espace de
« quatorze années, il a remis à M. A. Le Fourdrey, aumô-
« nier de la marine, plus de 600 francs pour des œuvres de
« charité.

« Voici un dernier trait que nous avons appris : Le 10 oc-
« tobre dernier, le bateau *le Saint-Jean-Baptiste*, faisant la
« pêche au poisson frais, et appartenant au port de Dun-
« kerque, a été submergé; l'équipage a péri. J.-L. Allaire
« apprend que les hommes qui le composent laissent des
« veuves et des enfants; il résout dès lors de venir au se-
« cours de la famille la plus malheureuse. Sou à sou, à la
« longue et aux dépens de son nécessaire, il amasse enfin
« une somme de 20 francs qu'il prie l'aumônier de trans-
« mettre, en un mandat, au maire de cette ville, pour être
« donnée selon ses intentions. La pauvre femme qui en a
« été gratifiée a perdu son mari et son fils dans ce sinistre;
« elle est restée avec quatre enfants en bas âge.

« Mais qu'on ne croie pas que J.-L. Allaire ait un but
« intéressé, qu'il cherche à recouvrer sa liberté. Non, il a
« constamment refusé, tous les jours il refuse encore l'in-
« tercession de personnes influentes, les offres de l'admi-
« nistration elle-même pour obtenir sa grâce. Nous l'avons
« dit, il fait le bien pour l'amour du bien, c'est-à-dire de
« Dieu; il le fait avec une rare persévérance, soutenu par
« la foi et l'espérance du salut; mais il n'attend rien de la
« faveur des hommes. L'âme s'est-elle jamais relevée si
« haut après l'erreur, la faute et la chute? »

Si l'on avait coupé le cou au généreux Allaire, serait-il aujourd'hui dans les chaînes un exemple vraiment admirable de ce que le repentir peut amener de vertu dans le cœur d'un homme qui fut criminel ?

§ 6. — LA MÊME MORT INFLIGÉE A TOUS LES CRIMINELS EST UNE INJUSTICE.

Au point de vue de la punition, d'ailleurs la peine capitale adoucie comme elle l'est, s'il est permis de parler de la sorte, et uniformément appliquée à tous les assassins sans distinction, viole profondément les lois de l'équité. L'humanité en progressant a supprimé la torture et personne au monde n'est tenté de le regretter ; mais, il faut bien l'avouer, l'ancien législateur qui voyait dans la mort du coupable le châtiment de la faute était logique en mesurant les souffrances du supplice à la grandeur du forfait et à la perversité du criminel. Infliger la même mort à Lacenaire, qui assassine pour voler en lisant Horace, infliger la même mort à ce misérable dont la vie est une suite non interrompue de meurtres lâches et raisonnés, et au grossier paysan de Buzançais dont les antécédents sont purs, qui croit, dans l'exaspération d'un moment de rage, se venger d'un accapareur de grains en massacrant un courageux fermier qui le brave, infliger le même supplice à ces deux hommes, c'est commettre une iniquité et une absurdité. Est-ce à dire qu'il faille rétablir la torture ? Non, mille fois non ; ce qu'il faut c'est ne tuer ni l'un ni l'autre, afin de graduer la répression pour l'un et pour l'autre selon leur culpabilité si différente, afin de substituer une expiation proportionnelle à une mort égale. Est-il permis de dire que l'assassin de Buzançais, malgré son heure d'égarement homicide, ne peut pas être un honnête homme ? Nous ne pouvons mieux faire pour appuyer notre opinion que de citer les paroles de M. le président Bérenger :

« ...La peine de mort étant, de sa nature, indivisible, « n'est susceptible de se prêter à aucune diversité ; et lors- « que plusieurs coupables sont atteints de la même peine,

« il est **rare**, *il est impossible* même que son infliction *ne viole*
« la justice à l'égard de l'un ou de plusieurs d'entre eux!
    « Le plus grand vice qui puisse infecter une législation,
« c'est l'injustice dans l'application des peines ; les puni-
« tions ne sont destinées à produire un effet moral sur le
« peuple qu'autant qu'elles ont sa sanction. Dès l'instant
« où l'intérêt public peut s'attacher à un condamné, l'effet
« moral est détruit, la condamnation réagit en sens con-
« traire ; *on ne voit plus qu'une victime là où il y avait un coupable,*
« *et on n'est pas éloigné d'excuser, peut-être d'exalter l'action qui*
« *lui était reprochée.* »

    « Tel est l'*effet inévitable* de l'indivisibilité de la peine de
« mort (1). »

§ 7. — LA PEINE DE MORT EST SANS EFFICACITÉ MORALE OU
PRÉVENTIVE.

Pour justifier ou plutôt expliquer la mise à mort des coupables on prétend encore que c'est un exemple propre à
effrayer ceux qui seraient tentés de se livrer au mal. L'histoire du monde entier répond pour nous. Depuis des siècles
on a inventé mille supplices, on les a appliqués publique-
ment et de nouveaux crimes se sont toujours commis. La
peine de mort existe depuis la naissance des sociétés et il
y a encore des assassins et des empoisonneurs. C'est qu'en
effet le criminel réfléchi compte toujours échapper au châtiment, et croit toujours qu'il pourra cacher son forfait ;
sans cela il n'y aurait pas de criminels. Dans la pensée d'un
homme perverti au point d'acheter un avantage quelconque
au prix d'un assassinat, la certitude de sa cupidité satisfaite
domine toujours la crainte du supplice, qu'il espère éviter.
Quant au meurtre par passion, il est certain que la peur de
l'échafaud ne le préviendra jamais, puisque, dans ce cas,
le meurtrier n'est plus maître de lui au moment où il frappe.
    Cependant, disent ceux qui croient à l'efficacité préven-
tive de la peine de mort, si elle ne supprime pas tous les

____

(1) Rapport fait à la Chambre des députés le 5 octobre 1850 sur l'abolition de
la peine de mort.

crimes, elle en prévient beaucoup, elle en diminue le nombre par la crainte du dernier supplice. « Renverser l'écha-
« faud, s'est-on écrié dans la discussion du 8 décembre 1848,
« ce serait une effroyable excitation au meurtre. » — « Qui
« prétendrait, dit à cette heure **M.** le rapporteur de la
« commission d'initiative, que les vols avec meurtre ne se
« multiplieraient pas, s'ils n'étaient réprimés plus sévère-
« ment que certains vols sans assassinat, déjà punis des
« travaux forcés à perpétuité? Qui oserait dire que les con-
« damnés, frappés d'une peine perpétuelle, n'assassine-
« raient pas plus souvent leurs gardiens si ce nouveau
« crime était assuré de l'impunité par la suppression abso-
« lue de la peine de mort? »

C'est ici l'occasion de le déclarer bien haut, nous n'avons ni de loin ni de près la ridicule, l'offensante prétention d'être plus sensible que les partisans de la peine de mort, nous ne croyons pas que personne aime la guillotine pour la guillotine, nous sommes convaincus que ceux qui la défendent se font effort comme le chirurgien qui ampute le bras ou la jambe pour sauver le corps; nous regardons leur conviction comme tout aussi respectable que la nôtre en cela qu'elle est puisée comme la nôtre dans l'amour du bien de la société. Aussi est-ce en toute sincérité et sans avoir aucune espèce de dessein de blesser nos adversaires que nous disons : s'ils croient à la peine de mort une efficacité préventive par la terreur ils devraient logiquement demander le rétablissement de la torture. N'est-il pas évident que la perspective de la torture ferait bien plus peur que celle de la simple décollation?

Cela dit, nous ferons remarquer d'abord qu'autant de fois qu'on a voulu abolir quelque peine barbare il s'est trouvé pour s'y opposer, comme il arrive aujourd'hui, des hommes qui en ont fait valoir l'impérieuse nécessité. De fort bons esprits, nous ne le nions pas, ont partagé ces funestes erreurs. « Il est évident, disait le grave d'Agues-
« seau lui-même, que l'on ne peut obtenir la vérité d'un
« prévenu que par la question. » A chaque adoucissement de peine, on a menacé la société d'un débordement de crimes effroyables. Supprimez le feu, la roue, l'eau bouil-

lante, l'écartellement, répétaient les conservateurs de ce temps-là, et les crimes vont centupler. On a supprimé les supplices et les crimes au lieu de centupler ont diminué !

Notre conviction profonde est que la perspective de l'échafaud n'a jamais empêché un seul poignard de se lever, ni un seul poignard levé de frapper, parce que le misérable qui en arrive à peser le profit assuré de l'assassinat et la chance du gibet compte toujours éviter le gibet. Mais écoutons à cet égard des criminalistes, des magistrats, dont personne ne contestera ni l'autorité, ni la compétence. « Cessez, amis des lois et de la justice, lit-on dans le *Traité des lois pénales* de M. Pastoret, *cessez de croire qu'il faut du sang pour effrayer les hommes ou diminuer les crimes. L'expérience ne prouve pas* que tant de rigueur soit salutaire; loin de la consacrer, l'utilité publique et l'humanité s'y opposent comme la nature. » « Vingt-cinq ans de magistrature, ajoute M. Girod (de l'Ain), ne m'ont que trop familiarisé avec toutes les conséquences utiles ou funestes de l'application de la peine de mort. Je le déclare à la Chambre, dès qu'une expérience suffisante m'a permis d'apprécier ces conséquences, *j'ai acquis la conviction intime que la peine de mort n'est nécessaire à la société,* dans aucun des cas pour lesquels le Code pénal l'applique. (*Chambre des députés*, 8 oct. 1830.)

« Loin que la peine de mort, nous dit à son tour M. le
« président Bérenger, loin que la peine de mort soit pré-
« ventive pour les cas spéciaux auxquels on l'applique, les
« statistiques récentes du peuple le plus civilisé offrent la
« preuve que plus cette peine est prodiguée pour ces cas,
« *et plus ils se reproduisent.* Pourquoi? Il serait difficile de
« le dire. Le fait cependant n'est point contesté. — L'ag-
« gravation d'une peine a toujours produit un effet contraire
« à celui qu'on s'en promettait; elle a multiplié les crimes
« du même genre au lieu de les diminuer; et c'est une vé-
« rité qui commence à être admise par tous les crimina-
« listes, que plus il y a d'échafauds plus y a de crimes. Ainsi
« se trouvent démontrés, je ne dis pas seulement l'INUTILITÉ
« de la peine de mort, je dis maintenant ses DANGERS. » (*Rapport sur l'abolition de la peine de mort*, séance du 5 oct. 1830.)

C'est un fait aujourd'hui acquis à la science sociale que plus les lois sont cruelles plus les meurtres sont atroces, qu'une législation impitoyable, loin de les diminuer, les augmente : il y a moins de vols avec assassinats depuis l'abolition de la torture qu'auparavant ; on pend encore les voleurs de grand chemin en Espagne et en Italie : il n'existe pas de pays où il y ait plus de voleurs de grand chemin. Aujourd'hui que les faux monnayeurs et les contrefacteurs de billets de banque n'encourent plus la peine capitale leur nombre a considérablement décru, comme le faisait observer M. Rabuan le 15 septembre 1848 à la Constituante.

Le niveau de la moralité publique s'élève en raison même du respect que la législation montre pour l'inviolabilité de la vie humaine. Le président Dupaty en cite encore une grande et incontestable preuve. « Il y a dix ans, « écrivait-il dans ses *Lettres sur l'Italie*, à la fin de la révolu- « tion, il y a dix ans que le sang n'a coulé en Toscane sur « un échafaud..... Cet adoucissement des lois a adouci les « mœurs publiques ; les crimes graves deviennent rares de- « puis que les peines atroces sont abolies (1). »

Il n'y a qu'une manière sérieusement efficace de prévenir la plupart des attentats contre les personnes, c'est de prodiguer l'instruction et les moyens de vivre aux gens qui en manquent. Moralisez les masses par une bonne éducation gratuite, assurez ensuite du travail aux pauvres et vous aurez du premier coup diminué les crimes de moitié. Nous sommes quelquefois tenté d'affirmer qu'il n'y a guère que deux crimes sur la terre : la misère et l'ignorance. C'est la misère et l'ignorance qui fournissent à l'échafaud presque toutes ses recrues. Sur les trente-six condamnés exécutés en 1848, douze ne savaient ni lire ni écrire, dix-huit ne savaient lire qu'imparfaitement, six seulement savaient assez lire et écrire pour en tirer parti. Pas un seul, PAS UN SEUL ! n'avait reçu une éducation supérieure à celle de l'enseignement primaire !

Prodiguez donc, répandez à profusion pour tous le bien-

(1) La peine de mort, supprimée en Toscane par l'illustre Léopold Ier en 1786, a été rétablie d'abord pour cause politique par ses successeurs, mais elle est toujours fort rarement appliquée.

être et la lumière; vous le voyez, plus il y en aura, moins il y aura de grands coupables.

§ 8. — LES EXÉCUTIONS PUBLIQUES EXCITENT LE GOUT DU SANG.

Les exécutions à mort, disent quelques-uns sont d'utiles exemples, elles sont un moyen d'intimidation, elles impriment la terreur dans l'âme des méchants. Ah ! pour qu'un homme moral puisse penser ainsi, il faut que le hasard ou le courage de l'étude de toutes nos misères ne l'ait jamais rendu témoin de ces affreuses représentations. Il aurait vu qu'au lieu d'effrayer les masses ce spectacle ne sert qu'à leur apprendre à verser le sang, qu'à leur en donner le goût, « si l'on considère, dit **M.** le président Bérenger (de la « Drôme), la peine de mort dans ses rapports encore plus di-« rects avec la société, on ne peut s'empêcher de reconnaî-« tre combien son influence sur les mœurs est *pernicieuse.* « *Lorsque* LA LOI *montre aussi peu de respect pour la vie de l'homme,* « *comment espérer que les citoyens en auront davantage?* On a « beaucoup parlé de la puissance de l'exemple; c'est « même une des considérations qu'invoquent le plus « vivement les défenseurs de la peine capitale. Eh bien ! de « toutes parts les faits sont recueillis, ils apprennent que le « spectacle du dernier supplice *est le plus propre à pervertir* « ceux auxquels il est offert. C'est à la lumière des faits « que la question s'est éclaircie, votre commission, en « réunissant ces faits, a cru y trouver la démonstration « que la peine de mort était non seulement *inutile, mais* *en-* « *core dangereuse.* »

Il y a longtemps déjà que cette question de la peine de mort nous préoccupe; il nous est arrivé souvent de recueil-lir des notes à ce sujet; or, nous trouvons dans nos anciens cahiers cet extrait de la *Gazette des Tribunaux.*

« L'exécution de Bellan n'a point empêché que du sang « n'ait été répandu hier; loin de là, elle en fut la cause. « Bellan, comme on le sait, lorsqu'on le conduisait au sup-« plice, accusait ses juges, protestait de son innocence et « injuriait la foule. Une femme suivait de près la charrette;

« elle mangeait un morceau de pain et une saucisse. Un
« couteau était dans sa main. « Tu ferais bien mieux, s'écrie-
« t-elle en s'adressant à Bellan, de mettre ta langue dans ta
« poche. » Une autre femme arriva et dit à celle qui haran-
« guait Bellan : « Laisse-le, il va mourir ; il ne dira plus rien, »
« Cette observation irrite cette femme ; bientôt furieuse,
« elle se précipite sur celle qui l'avait interpellée et lui
« porte de toutes ses forces deux coups de couteau dans la
« figure. Que de réflexions dans ce court épisode d'une
« exécution ! » Voilà comment l'échafaud sert d'exemple !

Autre preuve de l'action bienfaisante des exécutions à
mort : « Ch. Westerlund, bon et honnête ouvrier charpen-
« tier jusqu'alors, a tué d'un coup de hache un de ses amis
« avec lequel il s'éloignait du lieu où tous les deux venaient
« de voir exécuter un assassin. Westerlund a déclaré de-
« vant le magistrat avoir été entraîné par une force irrésis-
« tible à faire ce qu'il venait de voir faire sur l'échafaud. »
(Journal *la Patrie*, du 22 août 1843.)

Qu'on lise après cela ces détails sur la dernière exécution
qui a eu lieu à Londres, celle des époux Manning :

« Les scènes qui ont eu lieu hier matin et pendant toute
« la nuit qui avait précédé, dans le voisinage de la prison
« de Horsemonger-Lane, ont été si révoltantes qu'il n'est
« personne qui ne puisse et ne doive en rougir, tant pour
« son pays que pour la nature humaine. Jamais, dans un
« pays civilisé, l'on ne vit rien de semblable. Espérons
« qu'un pareil spectacle ne viendra plus contrister la capi-
« tale, ni aucune autre partie de l'Angleterre. Pendant les
« heures qui ont précédé l'exécution des Manning, cin-
« quante mille individus, rassemblés au lieu de l'exécution,
« se sont livrés aux démonstrations les plus révoltantes.
« *On a plus fait hier, en quelques heures, qu'on ne pourrait jamais*
« *croire pour préparer la jeunesse à la perpétration de crimes atroces.*
« Plus d'un spectateur de l'exécution des Manning est des-
« tiné peut-être à monter sur la plate-forme ou à partir pour
« l'île de Norfolk. Nous voyons avec plaisir que les parti-
« sans de l'abolition de la peine de mort ont résolu de tenir

« une grande réunion publique à Bridge-House-Hotel, lundi
« soir, pour exprimer l'opinion publique en Angleterre
« contre ces horribles exécutions. » (*Morning Advertiser.*)

Voici maintenant une lettre adressée à l'éditeur du *Times,*
par le célèbre romancier Ch. Dickens, sur le même sujet :

    « Monsieur,

    « J'ai assisté ce matin à l'exécution d'Horsemonger-Lane.
« Je m'y étais rendu avec l'intention d'observer la foule
« qui s'était réunie pour voir cette exécution, et j'ai eu le
« temps de le faire pendant toute la durée de la nuit et de
« la matinée jusqu'à la fin de ce spectacle.

    « Je ne pense pas qu'il soit possible de voir sous le soleil
« *un scandale aussi inqualifiable, aussi indigne.* Quand j'arrivai
« sur le théâtre de cette scène, je fus assourdi par les cris
« et les glapissements des garçons et des filles qui avaient
« conquis leurs places au prix de sanglantes meurtrissures.
« On n'entendait que des rires, des chants grossiers, où le
« nom de madame Manning était substitué à celui de Su-
« zanna; et quand le soleil a éclairé ces milliers de têtes,
« jamais figures plus hideuses, plus brutales, ne se sont
« montrées. Quand les deux misérables créatures qui avaient
« attiré toute cette foule sont apparues aux yeux du public,
« aucun signe d'émotion ou de pitié ne s'est manifesté ; per-
« sonne n'a songé que deux âmes immortelles allaient pa-
« raître devant leur juge ; et les propos obscènes et grossiers
« ont continué de circuler, comme si le nom du Christ n'a-
« vait jamais été prononcé sur cette terre, et que les
« hommes fussent destinés à périr comme des bêtes. »

N'est-ce pas le cas de répéter ces paroles si magnifique-
ment vraies de M. Lamartine : « Les lois sanglantes ensan-
« glantent les mœurs. Là est le vice de ces lois d'intimida-
« tion par le meurtre. A les supposer même efficaces, que
« fait le législateur si, pour intimider quelques scélérats, il
« déprave par l'habitude de la mort, par le goût du sang, l'i-
« magination de tout un peuple, s'il lui fait respirer le sang,
« palper le cadavre ? » (1) « Croyez-vous, ajoute, M. Bal-

____

(1) *Dictionnaire de la Conversation.*

« lanche dans le même ordre d'idées, croyez-vous que cet
« horrible jet de sang ne fera pas naître des idées de
« sang. » (1)

Mais si les spectateurs d'une exécution capitale présen-
tent trop souvent un tableau révoltant, que ne se passe-t-il
pas quelquefois sur la fatale plate-forme.

Dans la préface du *Dernier jour d'un condamné*, M. Victor
Hugo voulant donner la preuve de ce que ces exécutions
qu'on appelle des exemples avaient parfois d'épouvantable
et d'impie, citait le fait suivant :

« Dans le Midi, vers la fin du mois de septembre 1832,
« nous n'avons pas bien présent à l'esprit le lieu, le jour,
« ni le nom du condamné, mais nous le retrouverons si l'on
« conteste le fait, et nous croyons que c'est à Pamiers; vers
« la fin de septembre donc, on vient trouver un homme
« dans sa prison où il jouait tranquillement aux cartes : on
« lui signifie qu'il faut mourir dans deux heures, ce qui le
« fait trembler de tous ses membres, car, depuis six mois
« qu'on l'oubliait, il ne comptait plus sur la mort ; on le rase,
« on le tond, on le garotte, on le confesse, puis on le
« brouette entre quatre gendarmes, et à travers la foule, au
« lieu de l'exécution. Jusqu'ici rien que de simple; c'est
« comme cela que cela se fait.

« Arrivé à l'échafaud, le bourreau le prend au prêtre,
« l'emporte, le ficelle sur la bascule, *l'entourne*, je me sers
« ici du mot d'argot, puis il lâche le couperet.

« Le lourd triangle de fer se détache avec peine, tombe
« en cahotant sur ses rainures, et, voici l'horrible qui com-
« mence, entaille l'homme sans le tuer.

« L'homme pousse un cri affreux.

« Le bourreau déconcerté relève le couperet et le laisse
« retomber. Le couperet mord le cou du patient une se-
« conde fois, mais ne le tranche pas. Le patient hurle, la
« foule aussi. Le bourreau rehisse encore le couperet, es-
« pérant mieux du troisième coup. Point. Le troisième coup
« fait jaillir un troisième ruisseau de sang de la nuque du
« condamné, mais ne fait pas tomber la tête. Abrégeons. Le

(1) *Revue Littéraire.*

« couteau remonta et retomba cinq fois; cinq fois il entama
« le cou du condamné, cinq fois le condamné hurla sous le
« coup et secoua sa tête en criant grâce! Le peuple, indigné,
« prit des pierres et se mit dans sa justice à lapider le bourreau.

« Le bourreau s'enfuit sous la guillotine et s'y tapit der-
« rière les chevaux des gendarmes. Mais vous n'êtes pas au
« bout. Le supplicié, se voyant seul sur l'échafaud, s'était
« redressé sur la planche, et là, debout, effroyable, ruisse-
« lant de sang, soutenant sa tête à demi-coupée qui pen-
« dait sur son épaule, il demandait avec des cris faibles
« qu'on vînt le détacher. La foule, pleine de pitié, était sur
« le point de forcer les gendarmes et de venir à l'aide du
« malheureux qui avait subi cinq fois son arrêt de mort.

« C'est à ce moment là qu'un valet du bourreau, jeune
« homme de vingt ans, monte sur l'échafaud, dit au patient
« de se tourner pour qu'il le délie, et profitant de la pos-
« ture du mourant qui se livrait à lui sans défiance, saute
« sur son dos et se met à lui couper péniblement ce qui lui
« restait de cou avec je ne sais quel couteau de boucher.
« Cela s'est fait; cela s'est vu. Oui.

« Aux termes de la loi, un juge a dû assister à cette exé-
« cution. D'un signe il pouvait tout arrêter. Que faisait-il
« donc au fond de sa voiture, cet homme, pendant qu'on
« *massacrait* un homme? Que faisait-il, ce punisseur d'assas-
« sins, pendant qu'on *assassinait* en plein jour, sous ses yeux?

« *Et le juge n'a pas été mis en jugement!* et le bourreau n'a
« pas été mis en jugement! »

Tous les journaux ont raconté dernièrement la scène
horrible qui vient de se passer à Châlons-sur-Saône, en plein
jour, en plein XIXᵉ siècle. Montchârmont, braconnier condamné à mort pour avoir assassiné trois personnes, a refusé
de se laisser tuer. On a vu ce misérable pleurant, criant,
hurlant, résister aux exécuteurs des hautes-œuvres. Pendant une heure il a lutté contre eux au pied de l'échafaud,
sous les yeux de la foule terrifiée; il était parvenu à intro-
duire ses jambes dans les degrés de l'échelle fatale; doué
d'une force athlétique que doublait la peur de la mort, il
s'est cramponné là avec tant d'énergie qu'il a été impossible

de l'en arracher. Le prêtre qui l'accompagnait l'exhortait en vain à se résigner ; il ne l'écoutait pas. Les deux hommes de la sentence suprême employèrent inutilement les dernières violences pour le dompter ; leurs forces réunies s'épuisèrent avant les siennes. Du sein de la population qui regardait, saisie d'horreur, glacée d'épouvante, stupéfaite ; du sein de la société que la loi *vengeait,* personne, personne ne s'est détaché pour leur prêter assistance. Cela doit frapper d'autant plus que l'assassin était moins digne de pitié ! On a dû reconduire Montcharmont à la prison et faire venir d'autres exécuteurs. Ils l'ont lié, garotté de façon qu'il ne pût faire le moindre mouvement ; ils l'ont ainsi rapporté sur l'échafaud, et la justice des hommes, comme on dit, a été satisfaite !

Il a fallu à la société, avec toute sa puissance, un jour entier pour couper la tête à un criminel !...

Est-ce avec de pareils spectacles qu'on espère moraliser les masses ? Oserait-on affirmer, d'un autre côté, qu'ils ne se reproduiront pas ?

Nous le demandons, après avoir lu ces hideux récits, peut-on encore croire une minute, une seule minute, que l'exemple d'une exécution capitale puisse avoir une bonne influence !

Chez nous, où les mœurs sont pourtant bien moins grossières que dans la Grande-Bretagne, les exécutions publiques, à part même les épisodes comme celui de Châlons, amènent de tels scandales que l'on n'y procède plus guère que clandestinement.

Si la société donnait à ces drames sanglants un grand et terrible appareil ; si elle prenait pour ainsi dire le deuil le jour où ils s'accomplissent, si elle voilait de crêpe les monuments publics, si les théâtres et les fêtes étaient suspendus, si toute circulation était interdite pendant l'heure suprême, si des hérauts allaient criant par les rues : Réfléchissez tous, en ce moment la justice des hommes s'accomplit, si les cloches de la cité battant le glas funèbre annonçaient à la population que la vie va être ôtée à un être humain qui s'est rendu criminel, et venaient frapper chacun de tristesse et d'épouvante jusque dans l'intérieur de sa famille ; ah ! oui, peut-être alors serait-il permis de supposer que la société croit accomplir un acte moral. Mais non, chez nous, pour éviter les exécrables scènes de Londres, elle ne procède plus guère aux exécutions publiques que clandestinement; elle recule elle-même devant ses rigueurs mortelles, elle dresse l'instrument fatal pendant la nuit. Elle prétend qu'elle donne un exemple et elle se cache autant qu'il lui est possible, comme si elle faisait une mauvaise action; elle tâche d'étouffer le bruit sourd que produit le couperet fatal en abattant une tête; si infâme que soit le meutrier, elle le frappe à huis clos, au petit jour, avec mystère, précipitamment, à la porte de la ville.

Ainsi, elle a reconnu que l'application de la peine de mort, loin d'exercer une impression salutaire, démoralisait les masses et elle l'applique encore!... Elle ne fait donc plus en réalité que punir. Eh bien, nous le demandons de nouveau, punir purement et simplement, est-ce là un rôle digne de la société? Couper une tête, au lieu de la purifier, n'est-ce pas imiter l'homme brutal qui tranche un nœud au lieu de le dénouer?

Mais si l'application de la peine capitale ne sert point d'exemple pour effrayer les malfaiteurs, combien, lorsqu'on songe à l'influence morale de la France en Europe, son abolition chez nous ne serait-elle pas utile à l'humanité toute entière? Répétons ici ce qu'a dit le colonel Jacqueminot, le 8 octobre 1830 à la Chambre des députés : « *Que la peine* « *de mort disparaisse à jamais de nos codes!* Régularisons par un « acté législatif le *merveilleux* instinct de clémence qui a fait « du peuple de Paris le premier peuple de la terre comme « il en était le plus brave. *Que l'Europe entière apprenne avec* « *admiration l'abolition de la peine de mort en France,* non pas en « faveur, mais à l'occasion de ceux qui ont si bien mérité « l'échafaud. Si la France a appris aux peuples à conquérir « leurs droits, qu'elle leur apprenne aussi à user de la vic-« toire et à respecter le sang des hommes. »

§ 9. — LA PEINE DE MORT A ENFANTÉ LE BOURREAU.

En considérant le sacrifice que l'on consomme au nom

du salut commun dans la série de ses effets funestes, dans
son action pernicieuse sur les natures faciles au mal, on
ne peut oublier qu'il a enfanté le bourreau. Le bourreau!
cet être qui fait horreur à tout le monde, ce mercenaire
sans entrailles, comme on l'a appelé, qui froidement, im-
pitoyablement, égorge son semblable pour de l'argent! A
cet égard il faut laisser parler M. le président Bérenger.
« Si maintenant, disait-il éloquemment dans son rapport
« sur l'abolition de la peine capitale, si maintenant il
« m'est permis de diriger vos regards sur les hommes qui
« concourent à l'application de cette peine, vous voyez que
« la dégradation des uns rejaillit même sur ceux qui les
« assistent dans l'objet de prêter force à la loi! Pour ne
« parler que des premiers, leur état abject, le sentiment
« d'horreur qu'ils inspirent universellement ne sont-ils pas
« *le signe de la réprobation* que la conscience publique attache
« à l'infliction de la peine elle-même. Et puis, l'existence de
« ces hommes au milieu de la société n'est-elle pas une ca-
« lamité? Un homme par département, les aides dont il est
« assisté, se vouent à cet horrible ministère et y vouent
« leurs familles. Elevés dans le sang dès l'âge le plus
« tendre, chez eux tout sentiment d'humanité est éteint.
« Peut-on sans effroi songer à cette population qui vit en
« quelque sorte en dehors de la société, qui ne paraît
« qu'au jour des supplices, reçoit régulièrement le prix du
« sang, et que presque toujours l'autorité est obligée de
« faire surveiller, de peur qu'ils ne soient tentés de se livrer
« à de funestes penchants. »

Que l'on y songe, la suppression de la peine capitale aura
encore parmi ses résultats moraux de supprimer l'exécuteur des hautes-œuvres, cet homme hideux dont l'existence
constitue à elle seule une offense à l'humanité.

Nous ne voudrions pas aller trop loin, ni surtout blesser
des convictions que nous respectons dans leur sincérité.
Qu'il nous soit cependant permis de le dire : il faut y prendre garde, le siècle est à l'humanité et à la logique, il
pousse volontiers les choses à leurs conséquences natu-
relles; le moment n'est peut-être pas loin où l'on se de-
mandera s'il existe au fond une bien grande différence entre

celui qui prononce un arrêt de mort et celui qui l'exécute. Il n'est pas bon de donner matière à d'aussi effrayantes questions.

§ 10. — BEAUCOUP DE CEUX QUE L'ON MET A MORT COMME ASSASSINS NE SONT QUE DES FOUS.

Si la peine de mort semble déjà exorbitante quand elle atteint un coupable, combien ne l'est-elle pas plus encore quand elle frappe un fou qu'il faudrait guérir au lieu de le guillotiner !

L'article 64 du Code pénal dit : « Il n'y a ni crime ni délit lorsque le prévenu était dans un état de démence au temps de l'action. »

Trop de malheureux cependant n'ont porté leur tête sur l'échafaud que parce qu'elle était dérangée. Nous ne connaissons guère d'assassins politiques qui ne fussent dans ce cas; esprits fanatisés, troublés par une idée politique ou religieuse, on n'avait pas plus le droit de les tuer que l'on n'a celui de tuer les maniaques les plus furieux. Ils étaient atteints de la maladie que la science médicale appelle la monomanie homicide. Si l'on pouvait en douter, il ne faudrait considérer pour en acquérir la conviction que l'insensibilité matérielle avec laquelle ceux qui furent torturés supportèrent les plus effroyables tourments; l'exaltation était si grande qu'elle avait détruit, comme chez les martyrs de toutes les religions la sensation de la douleur.

Quoi ! vous faites de l'état d'ivresse par le vin un cas d'excuse, et vous n'en faites point un de l'état d'ivresse provoqué par le fanatisme religieux ou politique. Quoi ! celui-ci croit sauver la religion, celui-là détruire la tyrannie en tuant un roi, cette autre croit assurer le triomphe de la justice en poignardant un homme sanguinaire; et vous ne les reconnaissez pas pour des gens qui ont perdu la raison, et vous leur coupez le cou comme s'ils avaient agi dans la plénitude de leur libre arbitre ! C'est de la barbarie toute pure. Privés de leur liberté morale, ils n'étaient pas plus responsables de leurs actes qu'un malade atteint du délire. Direz-vous que la préméditation évidente du meurtre qu'ils ont commis exclut le caractère de monomanie? Qui ne sait que les fous combinent longuement, avec l'apparence de la raison la plus sagace les actions les plus extravagantes? Que de fois les tribunaux ont envoyé à l'échafaud des infortunés pour n'avoir pas tenu compte de la lésion des facultés mentales qui les avait portés au meurtre. On s'explique que l'on enferme celui qui, dans un accès de jalousie furieuse tue la femme qu'il aime, mais on ne s'explique pas qu'on le guillotine, car il était en démence; au moment où il frappait, il n'avait plus l'usage de sa raison pour le guider.

L'échafaud ne prouve rien, n'améliore rien, ne prévient aucun mal; il n'a pas gagné par exemple un pouce de terrain depuis des siècles sur la monomanie homicide qui est endémique en Corse. La vendetta corse, comme l'a fait observer avec une grande sagesse le docteur Tissot, n'est pas autre chose qu'une monomanie par imitation. Ne voit-on pas que les femmes, les jeunes filles même de ce département français sont atteintes de cette maladie inconnue ailleurs? Eh bien, la multiplicité des exécutions à mort en Corse l'a-t-elle guérie? en a-t-elle diminué même l'intensité? Non. Il faudrait donc chercher un autre remède si l'on ne veut pas voir éternellement le déplorable spectacle de la vendetta de la société luttant sans succès contre la vendetta corse. La monomanie homicide, a-t-on dit froidement, est une maladie qui se soigne en place de Grève! Proposition aussi fausse que féroce. En place de Grève on tue le maniaque, mais on ne guérit pas la maladie; on l'augmente au contraire, car la mort d'un maniaque regardé comme un martyr de l'honneur familial, lui fait mille imitateurs. Ce n'est pas avec la guillotine, mais avec de grandes routes et de l'éducation que vous mettrez les enfants de la Corse à l'abri de la contagion de la vendetta. Qu'en attendant, les hommes atteints de ce mal se sachent destinés à être enfermés toute leur vie avec les fous au lieu d'aller parader sur l'échafaud, et beaucoup se guériront eux-mêmes.

§ 11. — LA PEINE DE MORT EST UNE INIQUITÉ MONSTRUEUSE, PARCE QU'ELLE EST IRRÉPARABLE, ET QUE LE JUGE EST SUJET A L'ERREUR.

Nous croyons avoir établi ceci : la peine de mort comme exemple est inutile, car le crime n'a pas disparu de la terre, malgré des milliers d'exécutions capitales accomplies depuis des siècles ; comme punition elle est barbare, car elle ne laisse pas de place au repentir, elle tue au lieu de corriger ; comme nécessité, elle est absurde, car personne n'admettra que la société tout entière ne puisse se défendre contre un de ses membres révolté sans le retrancher de la vie ; comme efficacité matérielle elle n'est pas soutenable, car on ne saurait prétendre sérieusement qu'elle fait disparaître un danger en rayant un homme ou une femme du nombre des vivants ; comme efficacité morale elle ne peut davantage se justifier, car il est impossible de dire le bien qu'elle a jamais produit, ou même le mal qu'elle a empêché par l'effet préventif de la crainte du châtiment.

Mais il y a une raison plus forte que toutes celles-ci, déjà si puissantes, pour obliger le législateur le plus sévère à briser l'échafaud, c'est que la peine de mort est irréparable, et que la faillibilité humaine étant avérée, il est réellement monstrueux d'appliquer une peine irréparable.

A ce point de vue, le dernier supplice est une honte pour la raison et la philosophie. Comment supposer qu'il ne soit pas aboli, quand on s'explique à peine qu'il ait pu être établi !

Vous avez inscrit la réhabilitation dans vos Codes, vous reconnaissez par conséquent vous-même que vous pouvez vous tromper. Comment osez vous donc tuer, puisque vous ne pouvez ressusciter ?

Nous ne disons pas que nos lois sont barbares, elles sont, au contraire, à notre avis, admirablement généreuses, elles se ressentent du magnifique mouvement de rénovation accompli par la grande Révolution. Non assurément, nos lois ne sont pas barbares ; mais nous disons qu'elles renferment un reste de la barbarie antique : c'est la peine de mort. La justice, pour l'appliquer, est entourée avec un soin scrupuleux des moyens les plus sûrs de ne pas s'égarer, elle donne à la conscience publique, à l'humanité, toutes les garanties imaginables, cela est incontestablement vrai. Et pourtant il n'est que trop malheureusement vrai aussi, il est arrivé à l'autorité judiciaire de frapper des innocents, auxquels elle a pris tout ensemble l'honneur avec la vie.

On a dit dans la discussion du 8 décembre 1848, à notre honorable ami M. Savatier-Laroche, qui avait soulevé la même question, « qu'il se préoccupait plus du sort des condamnés que de celui des victimes. » A ceux qui nous feraient le même reproche, nous répondons d'avance : L'adressez-vous à nos sentiments ? nous le repoussons avec mépris comme odieux ; ne l'appliquez-vous qu'à une erreur de notre jugement ? vous vous trompez vous-mêmes. Quand nous refusons à la société le droit de sacrifier un meurtrier, non, ce n'est pas que nous ayons plus de pitié pour lui que pour sa victime, c'est que nous ne savons pas si, en mettant à mort celui que toutes les apparences vous désignent pour un meurtrier, vous ne faites pas une victime de plus ! c'est que nous sommes sûrs en sauvant la vie d'un coupable de ne pas sacrifier peut-être un innocent. Nous voulons que vous gardiez vivant le condamné pour meurtre, parce qu'il est possible qu'il soit innocent, bien que les preuves de sa culpabilité aient paru complètes, évidentes à tout le monde. « Les inconvénients de la peine capitale, dit encore M. Bérenger, « acquièrent une gravité devant laquelle les hommes les « plus prévenus sont obligés de se rendre, lorsqu'on songe « à l'irréparabilité de l'erreur. Qui peut répondre que les « jugements humains seront toujours justes ; que la vie de « l'innocent ne sera jamais exposée, et qu'une déplorable « fatalité ne réunira pas contre lui un concours de circons- « tances propres à tromper les juges les plus consciencieux ? « Nos archives judiciaires témoignent de ces fatales erreurs ! « Ce n'est pas le cas d'en rapporter ici de nombreux exem- « ples. » C'est en toute sûreté de conscience, avec mille témoignagnes de certitude que les juges de Lesurques l'ont condamné. Si, au lieu de lui couper la tête on l'avait enfermé, il n'aurait pas ignominieusement péri martyr d'une loi barbare, et sa famille ne serait pas encore aujourd'hui à solliciter sa réhabilitation légale. Quoi! demander que Sirven, Calas, la servante de Palaiseau, celle de Grenoble, Lesurques, pour ne citer que les victimes les plus célèbres des erreurs judiciaires, ne subissent plus la mort et l'ignominie tout à la fois, c'est plaindre plus le meurtrier que la victime!

Nous n'avons pas la prétention d'être meilleur que d'autres, néanmoins nous avons peine à imaginer qu'après tant d'exemples terribles de la faiblesse de nos jugements, on puisse prononcer un arrêt de mort! Nous ne pouvons concevoir qu'après tant d'erreurs homicides inscrites dans les annales judiciaires, on veuille faire encore jouer le couperet fatal. Qu'il se lève donc celui qui oserait dire: Mieux vaut assassiner un innocent que de laisser vivre mille coupables!

Il n'y a pas d'ailleurs seulement que les erreurs constatées de la justice dans le calme de son impartialité pour protester contre le maintien de la peine de mort, il y a encore les égarements de la société tout entière. La société, comme les individus, a des accès de délire au milieu desquels, perdant l'usage de la raison, elle frappe aveuglément, sans se rendre compte de ce quelle fait. Exaspérée par un danger réel ou imaginaire, il lui arrive parfois de commettre un crime en pensant accomplir un acte de salut; elle voit un coupable là où il n'y a qu'une victime de la terreur irréfléchie qui s'est emparée d'elle. Si la société avait été constamment entretenue dans un saint respect de la vie humaine, jamais on n'aurait procédé à ces massacres systématiques, religieux ou politiques, qui ont épouvanté le monde à différentes époques. Que de bons catholiques, par exemple, qui n'auraient pas péri si le principe de l'inviolabilité de la vie humaine eût dominé la civilisation et le catholicisme! Que d'hommes de la vertu la plus pure l'inquisition n'a-t-elle pas consciencieusement brûlés pour assurer le triomphe de la foi qui n'était pas en péril.

Nous le disons avec une amère douleur, de pareils faits se reproduiront toujours tant qu'on gardera la peine de mort.

Un malheureux vient de périr dans une de nos colonies; l'arrêt qui l'a frappé, si la consciencieuse erreur du moment venait à être reconnue, serait irréparable. Et pourtant dans quelles circonstances la peine de mort a-t-elle été appliquée? Une ville de la Guadeloupe, ravagée par quelques incendies qu'elle supposait le produit de la malveillance, est saisie de désespoir; on la met en état de siége, le conseil de guerre juge avec bonne foi, mais au milieu de la lueur des flammes. Hélas! au milieu du choléra la population de Paris se croyant empoisonnée jeta à la Seine un homme qui venait d'approcher d'une fontaine.

Voici le fait; pour que le lecteur n'ait aucun doute sur la véracité des détails, nous citons textuellement le réquisitoire du capitaine rapporteur, M. Robin Duparc, inséré dans la *Gazette des Tribunaux* du 21 juillet 1850 :

« Sixième, homme fourbe, astucieux, méchant, et qui de l'aveu même de ses camarades, *est capable de tout, lorsqu'il est pris de boisson*, débarque à *l'îlot* Chantreau, le 10 mai, vers six heures du soir, après avoir puisé à la Pointe-à-Pitre des inspirations criminelles dans un groupe d'individus qu'il persiste à ne pas connaître et auxquels il déclare avoir entendu dire : « Qu'on aurait dû brûler tous les magasins des quais. » Il *cherche d'abord querelle à sa femme* sur un motif *puéril*, la frappe brutalement et la *force à sortir* de la case qu'il occupe avec elle et dans laquelle il tient à rester seul, *en raison du crime qu'il médite*. Après cette scène, Sixième *parcourt le voisinage*, en insultant tous ceux de ses camarades qui veulent lui faire entendre raison. Il rentre ensuite chez lui, *réunit dans un panier tout ce qu'il possède de précieux* et porte le tout à la porte de la case de Félix qui refuse de recevoir ce dépôt...

«L'heure du repos arrive cependant pour tous et le silence se rétablit dans l'îlot. Il est huit heures et demie, les pêcheurs se couchent et s'endorment successivement. Vers dix heures et demie, Nativité se lève, et il aperçoit à travers les fentes de sa cloison une grande lumière dans la case de Sixième. Il place alors son œil contre les fentes, et il *distingue parfaitement deux chandelles placées au pied de la paillasse SUR LAQUELLE SIXIÈME EST ÉTENDU. Il aperçoit aussi, sur une petite ta-*

ble, un autre petit bout de chandelle qui commence à y mettre le feu.
Nativité, effrayé parce que le feu de la table peut communiquer chez lui, s'empresse de réveiller le témoin Victor, un de ses plus proches voisins. Victor se lève aussitôt et accourt à la porte de Sixième où il trouve Nativité qui lui dit : « J'ai appelé Sixième, mais il ne veut pas me répondre et je n'ose pas ouvrir sa porte. » Victor n'hésite pas un instant et enfonce la porte. Son premier soin est d'enlever *les deux chandelles et les deux bouteilles auxquelles elles étaient fixées,* parce que, dit-il, *elles auraient inévitablement communiqué* le feu à la paillasse, qui ne contenait que des feuilles de bananier. Il éteint aussi le *restant de mèche qui se trouve sur la table* et sur laquelle le feu a laissé des traces très-apparentes.

« Ici, Messieurs, *il est facile de se convaincre que Sixième était sous l'influence d'une méditation criminelle,* car, au lieu de remercier Victor du service qu'il vient de lui rendre, il se dresse, au contraire, comme un furieux, s'élance sur lui et l'oblige à sortir de la chambre. Victor s'empresse alors de réveiller Sans-Nom, auquel il donne connaissance de ce qui vient de se passer. A ce récit, Sans-Nom s'anime d'un sentiment honorable, se précipite dans la chambre de Sixième et le saisissant par le bras lui dit : « Comment, Sixième, vous voulez mettre le feu à votre case? » Sixième répond par un soufflet, *trouvant très-mauvais qu'il s'occupe de ce qui se passe chez lui.* A cette insulte, Sans-Nom s'empare de lui et le jette hors de sa case, mais Sixième, ne respirant plus que vengeance, se dégage, rentre chez lui, s'empare d'un rasoir, en frappe Sans-Nom et lui fait une blessure au bras droit. Nativité et Victor vont avertir M. Lacoste qui joint ses forces aux leurs et l'on peut enfin s'emparer de ce furieux.

« Sixième appelé plus tard devant nous, après une hésitation assez prolongée, AVOUE SON CRIME. »

Que résulte-t-il de ce réquisitoire de la justice militaire, c'est que Isery, dit Sixième, habitant un *îlot* de la rade de la Pointe-à-Pitre où il y a quinze ou vingt cases de pêcheurs, *isolées* les unes des autres, a été condamné à mort et EXÉCUTÉ, pour avoir, *étant ivre,* tenté de se suicider par le feu en laissant deux chandelles allumées près de la paillasse, *sur laquelle il s'était couché et endormi!!!*

Ceux qui ont mis à mort cet infortuné, le ministre de la marine et des colonies, **M. Romain-Desfossés** qui a autorisé l'exécution pour faire, disait-il, un exemple, tous en ont sans doute un immense regret aujourd'hui, la société déplore avec eux une telle condamnation, mais le mal est irréparable : Sixième n'est plus!...

Aussi longtemps qu'on laissera la peine capitale dans nos codes, aussi longtemps que les passions humaines pourront s'en servir pour se satisfaire, ces effroyables malheurs se renouvelleront. Il n'y a qu'un moyen, un seul moyen de les prévenir, c'est de les rendre impossibles en proclamant que la vie de l'homme est sacrée et que la loi elle-même se retire la faculté d'y toucher. Jusque-là, répétons-le avec Servan : « Si par quelque fatalité l'innocent est condamné, s'il est diffamé, s'il est tué, poussons des gémissements qui retentissent dans la société entière. Ne cessons point de montrer le cadavre à tous les siècles, que cette plaie de l'humanité reste toujours sanglante, et quand la honte voudra la cacher, quand l'oubli voudra la fermer, faisons-la saigner encore pour flétrir de son sang les hommes ou plutôt les lois qui permirent ces attentats. »

En vérité, nous nous étonnons que la peine de mort ait encore des défenseurs après tant d'exemples semblables de ses dangers, nous nous étonnons qu'elle rencontre des hommes assez téméraires pour la prononcer après ces mots effrayants de Pastoret : « La justice peut retrouver le coupable fugitif, elle ne retrouve pas l'innocent égorgé » (*Lois pénales*); après cette sentence de **M. Cormenin** : « Quand la société frappe de son glaive un innocent, elle « ne punit pas, ELLE ASSASSINE. » Nous nous étonnons qu'il existe un jury capable de résister à cette apostrophe de J.-J. Rousseau : « Quel est l'homme, quel est le juge assez « hardi pour oser condamner à mort un accusé convaincu « selon toutes les formes judiciaires, après tant d'exemples « funestes d'innocents bien interrogés, bien entendus, bien « confrontés, jugés selon toutes les formes, et, sur une évi- « dence prétendue, mis à mort avec la plus grande con- « fiance, pour des crimes qu'ils n'avaient pas commis (1). »

(1) *Rousseau juge de Jean-Jacques*, 1775.

Que ceux qui participent directement comme juges, ou
indirectement comme jurés, à une exécution des hautes œuvres, le sachent bien : ils n'en ont que le droit légal; ils
n'en ont pas le droit moral. Ils égorgent peut-être un innocent; ils ravissent peut-être à un honnête homme sa vie,
son honneur et celui de sa femme, de ses enfants, de sa famille entière.

M. Halphen, dans une brochure que tout le monde devrait lire (*Abolition de la peine de mort*); après avoir donné le
relevé de toutes les condamnations prononcées depuis 1826
jusqu'en 1848, s'exprime ainsi :

« Il résulte de ce tableau qu'il y a eu pendant cet espace
« de 23 ans 1447 condamnations à mort, 893 exécutions, et
« que les arrêts de mort ont été cassés à l'égard de 129 con-
« damnés. Sur ces 129 individus, par suite du second arrêt
« rendu à leur égard, 61 seulement, c'est-à-dire *moins de la*
« *moitié*, ont été de nouveau condamnés à mort, 33 n'ont
« été condamnés qu'aux travaux forcés à perpétuité, 3 aux
« travaux forcés à temps, 4 à la détention, 3 à la réclusion,
« 1 à l'emprisonnement, 1 à l'amende, DIX-NEUF, et c'est
« sur ce point que nous appelons les méditations de tous
« les hommes sérieux, DIX-NEUF ont été acquittés !! On com-
« prend encore que la peine ait pu être abaissée; mais entre
« la mort et l'acquittement, on conviendra qu'il faut qu'il y
« ait eu une bien large part au doute !

« Voici le décompte annuel des 19 acquittements :

« En 1826, sur 10 arrêts de mort cassés, 3 acquittements
« En 1827, — 3 — 1 —
« En 1829, — 3 — 1 —
« En 1830, — 6 — 2 —
« En 1831, — 19 — 2 —
« En 1832, — 13 — 1 —
« En 1833, — 5 — 3 —
« En 1838, — 5 — 2 —
« En 1839, — 9 — 1 —
« En 1840, — 6 — 1 —
« En 1848, — 7 — 2 —

86   19

« Ainsi, en 1826, sur **10** arrêts cassés, il y a eu **3** acquit-
« tements, et la même année, il y a eu 73 exécutions ; en
« 1833, la proportion a été plus monstrueuse, **3** *acquittements*
« *sur* **5** *arrêts cassés*, et la même année, *il y a eu 30 exécutions ;* en
« 1840, **1** acquittement sur **6** arrêts cassés, et l'on a exécuté
« 45 condamnés ; en 1848, **2** *acquittements sur* **7** *arrêts cassés,*
« *et l'on a exécuté* 18 *condamnés.* Récapitulons.
« Si dans les 23 dernières années il y a eu 19 acquitte-
« ments sur 129 arrêts cassés, combien y a-t-il eu d'inno-
« cents ou même de coupables qui, sur les 893 exécutions
« qui eurent lieu pendant cet espace de temps, *ont payé de leur*
« *tête la régularité de la procédure !* Nous livrons ces faits sans
« commentaires à ceux qui douteraient encore de la légè-
« reté des jugements humains, et qui ne s'effraient pas de
« l'irréparabilité de la peine de mort. »

Nous non plus, après un tel exposé, nous ne nous sen-
tons pas la force de rien ajouter. Nous ferons seulement remarquer que la cour suprême ne juge pas le fond, mais la
forme, et ne casse que lorsqu'il y a irrégularité de procédure ; que ces dix-neuf acquittés, enfin, seraient allés à l'é-
chafaud, sauf le cas de grâce, si leur jugement eût été ré-
gulier !.... Nous insistons sur ce point essentiel, d'une gravité
énorme : ils étaient innocents, puisqu'ils ont été acquittés ;
mais s'ils avaient été condamnés avec toutes les formes vou-
lues, leur vie, leur honneur, celui de leurs enfants et de
leur famille, tout était perdu !!
Nous n'aurions jamais cru en vérité que la société fît périr
tant d'innocents sans la moindre utilité, d'ailleurs, pour sa
conservation !
Si, en face de ce sombre tableau, le législateur pouvait
encore hésiter à rayer à jamais la peine de mort de nos codes, qu'il médite ce passage d'un Mémoire adressé à l'Assemblée constituante par le docteur Voisin :

« Instruisez et ne tuez pas.
« Le temps des mensonges officiels, je l'espère, est passé
« sans retour. *La peine de mort ne remédie à rien.* Vous avez
« beau décoller des têtes et les décoller encore, il faut vous

« résigner à les décoller toujours : c'est un ouvrage sans fin
« et sans utilité. Tous les supplices imaginables, je ne sau-
« rais trop attirer votre attention sur ce point, n'ont aucun
« rapport avec les méthodes propres à éclairer, à ennoblir
« l'humanité.

« ...... La guillotine est une colère de bas étage, une
« vengeance inférieure : elle avilit, elle dégrade, elle abru-
« tit les populations, elle ne donne point l'intelligence et
« n'élève point le caractère.

« Songez-y bien, citoyens représentants, l'exécuteur des
« hautes-œuvres n'est que votre instrument, et par la loi
« que vous maintiendrez, quelque loin que vous fussiez
« placés du théâtre où se consomme le sacrifice humain,
« vous n'en seriez pas moins les fauteurs de l'exécution. »

§ 12.—LE MAINTIEN DE LA PEINE DE MORT EN MATIÈRE CRIMINELLE PEUT SERVIR A SON RÉTABLISSEMENT EN MATIÈRE POLITIQUE.

Il y a encore une raison pour que nous veuillons abolir la
peine de mort d'une manière absolue, c'est que son maintien au criminel peut amener son rétablissement en politique. Nos passions sont habiles à se satisfaire; elles savent
tourner toutes les difficultés, surmonter tous les obstacles.
Quand la guerre civile, dans ses aveugles et implacables fu-
reurs, voudra tuer un ennemi, elle trouvera toujours un
moyen quelconque pour transformer l'acte politique en acte
privé, et si le moyen même lui manque, elle affirmera violemment par la raison du plus fort que l'acte politique est
un acte privé, et elle frappera.

« Non, dit M. Kerdrel rapporteur de la commission d'initia-
« tive, pareille chose ne pourrait arriver que si nous reve-
« nions à une de ces époques lamentables où l'on substitue
« l'évidence du droit à l'aveugle brutalité des passions.
« Alors peu importerait que vous eussiez ou non aboli la

« peine de mort, on la rétablirait par *raison d'État* et pour
« cause *de salut public*, si mieux on n'aimait procéder par des
« *mises hors la loi.* »

M. Eusèbe Salverte avait déjà exprimé la même idée dans
la séance de la Chambre des Députés du 8 octobre 1830.

« Vous décréteriez aujourd'hui l'abolition de la peine de
« mort que si, ce qu'à Dieu ne plaise, la fortune ennemie
« ramenait au pouvoir nos adversaires, leur premier soin
« serait de remettre aux mains de la vengeance le glaive
« que votre générosité aurait fait tomber des mains de la
« justice. Jugez-en par le respect qu'ils ont eu pour leurs
« propres institutions, dès qu'elles ont gêné leurs ressenti-
« ments : une disposition de la Charte défendait la recher-
« che des votes émis vingt ans auparavant dans un procès
« fameux, cette loi fut violée par un acte prétendu législa-
« tif, dès que l'on crut qu'elle le pouvait être sans danger.
« On se rappelle quels cris d'une allégresse de cannibales
« accueillirent dans le sanctuaire de la législation cet acte
« d'une injustice atroce et insensée. »

L'objection de l'honorable M. Audren Kerdrel et de
M. Eusèbe Salverte, bien que des plus graves, est loin d'ê-
tre péremptoire. Le gouvernement républicain est fondé sur
des bases impérissables; c'est le plus solide qui puisse exis-
ter, parce qu'il est le gouvernement de tous. Nous ne croyons
pas que ses ennemis soient jamais en état de lui faire courir
aucun danger sérieux; mais il a des ennemis : tout le monde
est malheureusement forcé d'en convenir. Supposons de leur
part quelque coup imprévu, une attaque à main armée, ne
peut-on pas craindre que l'indignation publique s'abandonne
alors à quelque excès? Supposons-leur, par impossible,
une victoire d'un jour, ils croiront peut-être l'assurer par des
vengeances : qui ne se rappelle 1815? Quoi qu'il arrive, d'ailleurs, il est certain qu'en admettant l'hypothèse extrême
d'une suspension des lois, ceux, quels qu'ils fussent, qui vou-
draient rétablir l'échafaud politique, sous un prétexte quelconque, trouveraient incontestablement mille fois plus d'ob-

stacles si la peine de mort n'existait plus, s'il n'y avait autre chose à faire qu'à jeter une planche sur l'échafaud des criminels pour passer sur celui des attentats politiques. Cela est d'une telle évidence que la contradiction n'est pas possible. Eh bien, nous les rouges, nous les démagogues, les terroristes, nous ne voulons laisser à personne cette exécrable ressource ; nous voulons que ceux qui se rendraient coupables d'une telle monstruosité violent à la fois les lois morales et les lois écrites. Aux époques les plus sanglantes de notre histoire contemporaine, personne n'a jamais songé à rétablir la torture abolie ; nous voulons que l'échafaud soit renversé, parce que nul non plus ne pourra songer à le relever. Nous voulons que l'arme soit brisée tout à fait pour qu'on ne soit jamais tenté de s'en servir. Nous voulons enfin que l'exemple donné par la loi grave si profondément le respect de la vie humaine dans tous les cœurs, que les plus passionnés ne puissent songer à y toucher dans quelque circonstance que ce soit. Quand la société toute entière proclamera solennellement qu'elle même n'a pas le droit de tuer, que la tête d'un homme, fût-ce le plus infâme des criminels, est sacrée, chaque individu ne reculera-t-il pas bientôt terrifié devant l'idée d'un meurtre, comme les croyants devant le plus épouvantable des sacriléges ?

§ 13. — RÉSUMÉ.

La répugnance contre la peine capitale, en France surtout, augmente de plus en plus, grâce au ciel, dans toutes les classes de la société. Chaque jour, on voit la curiosité de la mort dominer moins l'horreur naturelle qu'elle inspire ; l'affreux épisode de Montcharmont prouve que les criminels eux-mêmes ne s'inclinent plus résignés devant la hache qui doit abattre leur tête ; enfin le peuple, auquel ses calomniateurs ne cessent de prêter des idées sanguinaires, le peuple particulièrement a fait maintes fois éclater son aversion pour l'effusion du sang, et nous, qui lui avons été profondément dévoué toute notre vie, nous sommes plein de bonheur d'avoir à le constater. Le ministère de la justice sait que, sur plusieurs points de la France, on n'a pas trouvé d'ouvriers, même à prix d'or, pour travailler à dresser la sanglante machine, et qu'il a fallu leur appliquer les dispositions pénales prononcées à l'égard de ceux qui refusent un service légalement dû.

Deux faits récents, symptômes très-caractérisés de cet adoucissement de nos mœurs, viennent encore de montrer d'une façon très-significative jusqu'à quel point l'extermination même des plus grands coupables blesse aujourd'hui le sentiment général. Nous avons déjà parlé du premier. Personne, personne n'est venu prêter son assistance aux exécuteurs des hautes-œuvres, quand Montcharmont leur a si longtemps résisté. Le second s'est passé à Paris; il y a quelques jours. Un des soldats chargés de veiller sur l'échafaud de Lafourcade s'est évanoui en voyant tomber la tête du patient, et certes ce n'était pas par intérêt pour un misérable qui avait lâchement assassiné deux vieilles femmes sans défense. Quand on voit un de ces hommes qui affrontent si intrépidement la mitraille sur les champs de bataille, quand on voit un de ces vaillants que la guerre met chaque jour en communication avec la mort sous ses aspects les plus effrayants, tomber sans connaissance au moment où l'on tue un pareil criminel, qui voudra nier que la peine capitale n'ait pas fait son temps? Pour prévenir le retour d'un fait aussi accablant, à la dernière exécution, les gardes républicains condamnés à former la haie autour de l'échafaud ne faisaient plus face à l'instrument du supplice; ils lui tournaient le dos et en étaient beaucoup plus éloignés que de coutume. Lorsque la police elle-même prend avec raison de telles mesures, qui pourra soutenir que l'odieux spectacle de la place Saint-Jacques soit encore de notre temps.

Nous avons entendu un mot d'une femme du peuple, nommée madame Constance, qui nous semble résumer la question avec une naïveté admirable et qui nous a profondément frappé comme un témoignage du progrès des idées de mansuétude jusque dans les classes les moins cultivées.

Elle nous parlait de l'horrible fratricide commis par Bo-
carmé : « Voilà, disait-elle, un grand brigand ; *je ne de-*
« *mande pas qu'on le fasse mourir,* ÇA NE FERAIT PAS REVENIR
« L'AUTRE ! Mais, ma foi, monsieur, on ferait bien de l'en-
« fermer solidement pour toute sa vie et de ne pas lui don-
« ner du chocolat à déjeuner. »

Ceux-là mêmes qui défendent encore de la peine mort parce
qu'ils la croient utile, sentent leurs convictions ébranlées ;
ils admettent qu'un jour viendra où le progrès permet-
tra de la supprimer ; ce n'est plus pour eux qu'une affaire
de date ; ils ne contestent que l'opportunité. C'est l'opinion
exprimée par plusieurs orateurs dans la discussion du 8 décembre 1848. Le temps n'est pas encore venu ! Mais quand
viendra-t-il ? D'ailleurs, s'il n'est pas venu, c'est donc qu'il
viendra, c'est donc qu'on ne guillotine plus que temporai-
rement ? Comment différer une pareille réforme du moment
qu'il sera juste un jour de l'accomplir ? N'est-il pas monstrueux de couper des têtes *provisoirement* et en attendant
une époque plus opportune pour y renoncer...

Nous croyons, nous, que le temps est venu, et nous
sommes sans la moindre inquiétude sur les résultats. Quand
MM. Cormenin, Ballanche, Jacqueminot, Villemain, Gui-
zot, Pastoret, Bérenger (de la Drôme), Girod (de l'Ain),
Lamartine, Voisin, Ch. Lucas, Rabuan, Coquerel, Laboulie,
V. Lefranc, tous hommes que l'on ne peut appeler des nova-
teurs, des utopistes, des aventuriers politiques et économis-
tes, crient à la société : Ne tuez plus ! Quand nous nous rap-
pelons les applaudissements qui accueillaient dans les clubs
nos discours pour l'abolition du dernier supplice ; quand nous
avons entendu, il y a quelques jours à peine, le peuple accla-
mer avec enthousiasme les noms de l'éloquent Crémieux et
de Victor Hugo au sortir de l'audience où ils venaient de
plaider contre la peine de mort, nous n'hésitons pas à dire
que la conscience publique est suffisamment rassurée, et
que l'heure est arrivée d'en finir avec l'échafaud.

Pour nous en convaincre tout à fait, il y a une chose plus
puissante encore que celle-là, c'est l'ovation populaire faite
à M. Ch. Hugo, en même temps que l'on saluait par des vi-
vats son père et M. Crémieux. Un journaliste de vingt-cinq

ans à peine objet d'une ovation populaire! **Y** a-t-il dans l'histoire d'autre exemple d'un homme aussi jeune obtenant un honneur aussi grand? Nous avons cherché et n'en avons pas trouvé. Qu'avait donc fait **M. Ch. Hugo?** Il avait écrit quarante belles lignes contre la peine de mort; il venait d'être condamné pour excitation à la haine de la loi meurtrière!

Le peuple respecte les verdicts du jury; il sait que le jury est la représentation vivante de la justice; mais en même temps qu'il se courbait devant ses décisions suprêmes, il honorait le condamné, comme il arrive parfois à l'armée, où, tout en punissant pour faute de discipline le brave qui s'est élancé contre l'ennemi avant le signal donné, on le met à l'ordre du jour pour glorifier son courage.

Quelle plus grande preuve que le peuple, toujours d'un sens si admirable en pareille circonstance, a condamné à mort la peine capitale? qu'elle n'a plus de sanction dans l'opinion des masses?

Mandataires du peuple, renversez donc l'échafaud d'une manière complète, absolue; si respectables que soient vos œuvres législatives, vous ne pourrez faire que la justice, tant que vous lui laisserez un glaive dans les mains, ne soit aux yeux de la majorité de la nation en suspicion d'homicide. Abolissez la peine de mort; elle punit au lieu de corriger; elle familiarise les hommes avec l'effusion du sang au lieu de les accoutumer à considérer la vie humaine comme sacrée; elle augmente le nombre des crimes au lieu de les prévenir; elle frappe d'un supplice égal des criminels inégalement coupables, au lieu de proportionner la répression au forfait; enfin, elle atteint quelquefois des innocents... Abolissez donc les condamnations irréparables, c'est un dernier hommage que le **XIX**e siècle doit à la raison et à l'humanité; abolissez la peine de mort, ce sera une gloire nouvelle pour la France!

P. S. A ceux de nos honorables collègues qui hésiteraient à biffer l'horrible peine capitale, nous soumettons avec insistance les réflexions suivantes que nous venons de lire à l'instant dans une brochure de **M.** Duboisaymé, pleine d'élévation, de fermeté et d'irrésistibles arguments. (*De la Justice criminelle en Toscane et de la peine de mort*. Grenoble, 1844.)

« Que l'on n'aille pas dénaturer notre pensée et dire que
« notre pitié pour de vils assassins est trop grande. Nous les
« avons en horreur autant que qui que ce soit ; mais ce que
« nous voulons, ce que nous avons le droit de demander,
« c'est qu'en punissant le meurtre, vous ne nous en fassiez
« pas commettre un, le plus horrible de tous, le meurtre de
« sangfroid et avec préméditation. Ce que nous voulons, ce
« que tout le monde doit vouloir, c'est que le châtiment du
« criminel ne soit pas dangereux pour la société entière
« en blessant les nobles instincts des hommes vertueux, et
« en excitant, en réveillant, en accroissant au cœur du vi-
« cieux les mauvais penchants. Ce que nous voulons sur-
« tout, c'est que les erreurs auxquelles les jugements des
« hommes sont nécessairement sujets SOIENT TOUJOURS RÉPA-
« RABLES. »

Songez, songez, législateurs, à l'innocent condamné ! songez à sa famille, à sa mère, à sa fille ! En prison, l'innocent aura pour consolation sa conscience. Les siens, du moins, ne le pleureront pas guillotiné ; ils garderont comme lui l'espérance de le voir un jour rendu à l'honneur et à leurs embrassements. Au moment de voter sur notre proposition, législateurs, rappelez-vous ceci : Il y a sept ans, en 1844, M. Haberlaud, condamné à mort par la cour d'assises de Bruges, et dont la peine avait été commuée en vingt années de travaux forcés, était au bagne depuis deux ans lorsque son innocence a été entièrement reconnue ! (Voir *le National* du 9 décembre 1844.) Que répondriez-vous, hélas ! au père, à la femme, à la fille d'un autre Haberlaud, dont vous auriez fait tomber la tête en maintenant la peine de mort et qui viendraient vous dire à votre foyer domestique, au milieu de vos enfants : « Qu'avez-vous fait de mon fils, qu'avez-vous fait de mon mari, qu'avez-vous fait de mon père ? Voilà la preuve qu'il était innocent !.... »

TABLE.

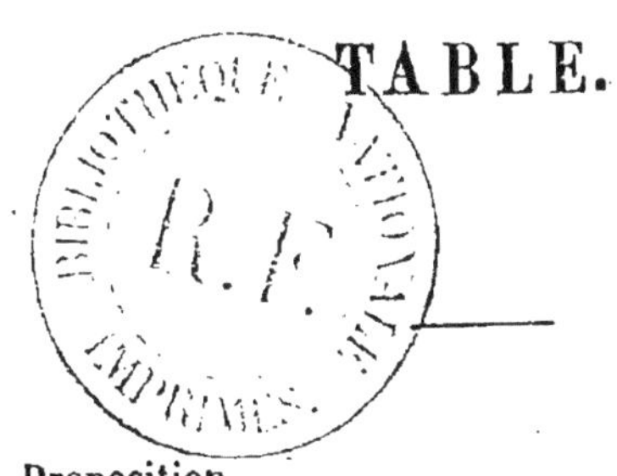

Paris. — E. DE SOYE, imprimeur, rue de Seine, 36.

TABLE

Paris. — E. DE SOYE, Imprimeur, rue de Seine, 55.

OUVRAGES DU MÊME AUTEUR.

De l'esclavage des noirs et de la législation coloniale. (1833.)

Abolition de l'esclavage, un examen critique du préjugé contre la couleur des Africains et des sang-mêlés. (1840.)

Les colonies françaises. (1842.)

Les colonies étrangères et Haïti, 2 vol. (1843.)

L'Égypte en 1845. (1846.)

Coup d'œil sur l'état de la question d'affranchissement. Brochure in-8°. (1846.)

Histoire de l'esclavage pendant les deux dernières années, 2 vol. (1847.)

La vérité aux ouvriers et cultivateurs de la Martinique. (1850.)

Protestations des citoyens français, nègres et mulâtres, contre des accusations calomnieuses. (1851.)

Procès de Marie-Galante. (1851.)

Les magistrats des colonies depuis l'ordonnance du 18 juillet 1841; par Maximilien Just; publié par V. Schœlcher. (1847.)

PARIS. — [illegible colophon], rue de Seine.

OUVRAGES DU MÊME AUTEUR.

De l'esclavage des noirs et de la législation coloniale. (1833.)

Abolition de l'esclavage, ou examen critique du préjugé contre la couleur des Africains et des sang-mêlés. (1841.)

Les colonies françaises. (1842.)

Les colonies étrangères et Haïti. 2 vol. (1845).

L'Egypte en 1845. (1846.)

Coup d'œil sur l'état de la question d'affranchissement. Brochure in-8°. (1846.)

Histoire de l'esclavage pendant les deux dernières années. 2 vol. (1847.)

La vérité aux ouvriers et cultivateurs de la Martinique. (1850.)

Protestations des citoyens français, nègres et mulâtres, contre des accusations calomnieuses. (1851.)

Procès de Marie-Galante. (1851.)

Les magistrats des colonies depuis l'ordonnance du 18 juillet 1841, par Maximilien JUST; publié par V. Schœlcher. (1847.)

PARIS. — E. DE SOYE ET Cⁱᵉ, IMPRIMEURS, 36, RUE DE SEINE.

9 782014 432619